Allenamenti avanzati di Tennis con la corda

di Joseph Correa

"Questo libro vuole insegnarti come avere un controllo totale della pallina durante ogni punto con questo divertente ed avanzato gruppo di allenamenti."

COPYRIGHT

© 2016 Finibi Inc

Tutti i diritti riservati.

Questo libro o parti di esso non possono essere riprodotti o utilizzati in alcun modo senza l'espressa autorizzazione scritta dell'editore ad eccezione di brevi citazioni di libri per le recensioni del libro.

Scansione, copia, e la distribuzione di questo libro via Internet o tramite qualsiasi altro mezzo senza l'espressa autorizzazione dell'editore e dell'autore è illegale e punibile dalla legge.

Si prega di acquistare solo edizioni autorizzati di questo libro. Si prega di consultare il proprio medico prima di allenarsi usando questo libro.

INDICE DEI CONTENUTI

Copyright

Introduzione

Cenni sull'autore

Materiale necessario ed attrezzatura

CAPITOLO 1: ALIMENTARE GLI ALLENAMENTI

Colpendo sopra la corda con un diritto in diagonale

Colpendo oltre la corda con un rovescio diagonale

Colpendo oltre la corda con un diritto a fondo campo

Colpendo oltre la corda un rovescio a fondo campo

Colpendo oltre la corda alternando diritto e rovescio in diagonale

Colpendo oltre la corda alternando diritto e rovescio a fondo campo

Colpendo sotto la corda con diritti in diagonale

Colpendo sotto la corda con rovesci in diagonale

Colpendo sotto la corda con diritti a fondo campo

Colpendo sotto la corda con rovesci a fondo campo

Colpendo sotto la corda alternando diritti e rovesci in diagonale

Colpendo sotto la corda alternando diritti e rovesci a fondo campo

CAPITOLO 2: ESERCIZI DAL VIVO

ALLENAMENTI OLTRE LA CORDA

Oltre la corda palleggiare 20 palle da topspin diritto a diritto a fondo campo (resistenza)

Oltre la corda palleggiare 20 palle da topspin rovescio a rovescio a fondo campo (resistenza)

Oltre la corda palleggiare 20 palle da topspin diritto a rovescio a fondo campo (resistenza)

Oltre la corda palleggiare 20 palle da topspin rovescio a diritto a fondo campo (resistenza)

Oltre la corda palleggiare 20 palle con una persona che colpisce solo diagonali e l'altro solo fondi campo (figura 8 resistenza)

Oltre la corda colpire 20 palle con una persona che esegue solo a fondo campo e l'altra che colpisce solo palle diagonali (figura 8 resistenza)

ALLENAMENTI SOTTO LA CORDA

Sotto la corda palleggiare 20 palle con diritti in diagonale e diritti

Sotto la corda palleggiare 20 palle con rovescio diagonale e rovescio

Sotto la corda palleggiare 20 palle con diritti a fondo campo e rovesci

Sotto la corda palleggiare 20 palle con rovesci a fondo campo e diritti

Sotto la corda palleggiare 20 palle con slice diagonale e rovescio

Sotto la corda colpire 20 palle con una persona che esegue colpi diagonali e l'altra che colpisce solo a fondo campo come da figura 8

Sotto la corda colpire 20 palle con una persona che esegue solo colpi a fondo campo e l'altra che colpisce in diagonale come da figura 8

ALLENAMENTI SOPRA E SOTTO LA CORDA
Una persona colpisce diritti sopra la corda con topspin e l'altra colpisce diritti a fondo campo sotto la corda.

Una persona colpisce rovesci oltre la corda con topspin e l'altra esegue rovesci sotto la corda a fondo campo

Una persona colpisce diritti sopra la corda con topspin e l'altra esegue rovesci a fondo campo sotto la corda

Una persona colpisce rovesci con topspin sopra la rete e l'altra esegue diritti a fondo campo sotto la corda

Una persona colpisce rovesci con topspin oltre la corda mentre l'altra esegue slice rovesci a fondo campo sotto la corda.
Una persona colpisce diritti con topspin oltre la corda mentre l'altra esegue diritti in diagonale sotto la corda dentro e fuori

CAPITOLO 3: ALLENAMENTO A PUNTI

Fino a 10 punti sopra la corda senza servire

Fino a 10 punti solo sotto la corda senza servizio

Fino a 10 punti dove una persona può solamente colpire sopra la corda mentre l'altra può colpire solamente sotto la corda senza servire

Fino a 10 punti (con servizio) sopra la corda (servire sempre al di sotto della corda a meno che non si stia eseguendo un topspin o un servizio in kick)

Fino a 10 punti (con servizio) sotto la corda (servire sempre al di sotto della corda a meno che non si stia eseguendo un topspin o un servizio in kick)

PER FINIRE

Slega la corda dopo gli esercizi, e poi prova a palleggiare, colpire, eseguire punti, e prova a giocare un set o una partita legando le pause in modo da poter vedere l'effetto completo dell'allenamento con la corda!

ALTRI TITOLI DI JOSEPH CORREA

INTRODUZIONE

Gli allenamenti di tennis avanzato sono divertenti ed emozionanti per i giocatori che li seguono. A volte potrebbe diventare difficile completare alcuni punti, ma non farci caso. Continua a lavorare duro e alla fine otterrai il massimo. Questo insolito tipo di formazione ti aiuterà a migliorare il tuo controllo generale delle palle alte, palle basse, alti topspin, bassi slice, palle piane o con un minimo topspin. Potrai anche migliorare la tua capacità di dirigere la palla in punti specifici sul campo, nonché diventare molto più forte. Una volta completato questo corso ti sentirai più completo come giocatore di tennis e farai lavorare i tuoi avversari molto più di prima.

Se sei un principiante o di livello intermedio, è possibile eseguire questi esercizi in quanto ti possono solo far diventare migliore di quanto tu lo sia ora, ma dovrai impegnarti molto per ottenere risultati importanti.

E' stato tutto scritto per la mano destra, ma se sei mancino dovrai semplicemente eseguirli al contrario. Ciò è stato fatto per semplificare le cose, ma vale per entrambi i giocatori sia destri che mancini.

ABOUT THE AUTHOR

Ciao, il mio nome è Joseph Correa e sono un allenatore ed insegnante di tennis da oltre 15 anni. Ho giocato a tennis professionale per anni e ora sono un allenatore professionista certificato USPTR.

Dopo anni di competizione e di formazione con alcuni dei migliori al mondo ho imparato che la maggior parte delle persone possono arrivare al successo con il giusto allenamento mentale, fisico, emotivo.

Tecniche scientifiche collaudate, allenamenti, e passo dopo passo le fasi devono essere eseguite per raggiungere la vetta e per questo motivo ho preparato il primo gruppo di allenamento in DVD e i libri che ti mostrano come raggiungere i tuoi obiettivi.

Attraverso i miei strumenti di lavoro e di insegnamento, ho aiutato centinaia di giocatori amatoriali e professionisti del tennis per farli progredire nelle loro performance fisiche e mentali per ottenere grandi risultati.

Io ti insegno tutto quello che è necessario per raggiungere i tuoi obiettivi e spero potrei goderne e condividere queste lezioni ed idee con i propri cari.

Buona fortuna,
Joseph

MATERIALI NECESSARI ED ATTREZZATURA

Hai bisogno di:

1 Campo da Tennis

1 una corda lunga abbastanza da arrivare da una parte all'altra del campo.

Qualcuno che ti passi le palle e qualcuno che te le colpisca indietro per quella parte della formazione.

Attrezzature:

Misura circa 2-3 metri dall'altezza della rete in modo da legare la corda a questa altezza su entrambi i lati della barricata (o puoi usare un altro oggetto per legarla). Prendi un righello e misura 2 metri sopra l'altezza della rete per un livello avanzato o 3 piedi per una difficoltà normale.

Allenamenti avanzati di Tennis con la corda

di Joseph Correa

"Questo libro vuole insegnarti come avere un controllo totale della pallina durante ogni punto con questo divertente ed avanzato gruppo di allenamenti."

CAPITOLO 1: ALIMENTARE GLI ALLENAMENTI

Colpendo sopra la corda con un diritto in diagonale

In questo esercizio dovrai colpire la palla con un diritto al di là della corda in diagonale con topspin o con palle senza effetti alimentate da qualcun altro dall'altra parte della rete. Assicurati di lavorare sulla profondità e sul controllo.

Colpendo oltre la corda con un rovescio diagonale

In questo esercizio dovrai colpire la palla con rovesci al di là della corda in diagonale con topspin o con palle senza effetti alimentate da qualcun altro dall'altra parte della rete. Assicurati di lavorare sulla profondità e sul controllo.

Colpendo oltre la corda con un diritto a fondo campo

In questo esercizio dovrai colpire diritti oltre la corda in direzione del rovescio del tuo avversario (sempre che giochi con la mano destra. Altrimenti, se fosse mancino, sarà il suo diritto). Tira in fondo alla linea, con topspin o palle senza effetti alimentate da qualcun altro dall'altra parte della rete. Assicurati di lavorare sulla profondità e sul controllo.

Colpendo oltre la corda un rovescio a fondo campo

Colpendo oltre la corda alternando diritto e rovescio in diagonale

Colpendo oltre la corda alternando diritto e rovescio a fondo campo

Colpendo sotto la corda con diritti in diagonale

Colpendo sotto la corda rovesci in diagonale

Colpendo sotto la corda diritti a fondo campo

Colpendo sotto la corda rovesci a fondo campo

Colpendo sotto la corda alternando diritti e rovesci in diagonale

Colpendo sotto la corda alternando diritti e rovesci a fondo campo

CAPITOLO 2: ALLENAMENTI IN DIRETTA

OLTRE LA CORDA

Oltre la corda palleggiare 20 palle da topspin diritto a diritto a fondo campo (resistenza)

Oltre la corda palleggiare 20 palle da topspin rovescio a rovescio a fondo campo (resistenza)

Oltre la corda palleggiare 20 palle da topspin diritto a rovescio a fondo campo (resistenza)

Oltre la corda palleggiare 20 palle da topspin rovescio a diritto a fondo campo (resistenza)

Oltre la corda palleggiare 20 palle con una persona che colpisce solo diagonali e l'altro solo fondi campo (figura 8 resistenza)

Oltre la corda colpire 20 palle con una persona che esegue solo a fondo campo e l'altra che colpisce solo palle diagonali (figura 8 resistenza)

ALLENAMENTI SOTTO LA CORDA

Sotto la corda palleggiare 20 palle con diritti in diagonale e diritti

Sotto la corda palleggiare 20 palle con rovescio diagonale e rovescio

Sotto la corda palleggiare 20 palle con diritti a fondo campo e rovesci

Sotto la corda palleggiare 20 palle con rovesci a fondo campo e diritti

Sotto la corda palleggiare 20 palle con slice diagonale e rovescio

Sotto la corda colpire 20 palle con una persona che esegue colpi diagonali e l'altra che colpisce solo a fondo campo come da figura 8

Sotto la corda colpire 20 palle con una persona che esegue solo colpi a fondo campo e l'altra che colpisce in diagonale come da figura 8

ALLENAMENTI SOPRA E SOTTO LA CORDA

Una persona colpisce diritti sopra la corda con topspin e l'altra colpisce diritti a fondo campo sotto la corda.

Una persona colpisce rovesci oltre la corda con topspin e l'altra esegue rovesci sotto la corda a fondo campo

Una persona colpisce diritti sopra la corda con topspin e l'altra esegue rovesci a fondo campo sotto la corda

Una persona colpisce rovesci con topspin sopra la rete e l'altra esegue diritti a fondo campo sotto la corda

Una persona colpisce rovesci con topspin oltre la corda mentre l'altra esegue slice rovesci a fondo campo sotto la corda.

Una persona colpisce diritti con topspin oltre la corda mentre l'altra esegue diritti in diagonale sotto la corda dentro e
fuori

CAPITOLO 3: ALLENAMENTO A PUNTI

Fino a 10 punti sopra la corda senza servire

Fino a 10 punti solo sotto la corda senza servizio

Fino a 10 punti dove una persona può solamente colpire sopra la corda mentre l'altra può colpire solamente sotto la corda senza servire

Fino a 10 punti (con servizio) sopra la corda (servire sempre al di sotto della corda a meno che non si stia eseguendo un topspin o un servizio in kick)

Fino a 10 punti (con servizio) sotto la corda (servire sempre al di sotto della corda a meno che non si stia eseguendo un topspin o un servizio in kick)

PER FINIRE

Slega la corda dopo gli esercizi, e poi prova a palleggiare, colpire, eseguire punti, e prova a giocare un set o una partita legando le pause in modo da poter vedere l'effetto completo dell'allenamento con la corda!

Grazie per aver acquistato questo libro!

Il miglior libro di strategia in giro: 32 strategie di tennis per il gioco contemporaneo

32 STRATEGIE DI TENNIS PER IL GIOCO CONTEMPORANEO di Joseph Correa Giocatore di tennis professionista e allenatore, Joseph Correa, ti insegna le strategie di tennis più importanti in giro per aiutarti a massimizzare il tuo potenziale. Ulteriori informazioni su:

- le strategie di base del tennis - tennis strategie avanzate - strategie di tennis mentali - e molto altro ... Alcune delle strategie che si impareranno sono: Come battere un giocatore a tutto campo. Si può imparare: come battere il "net rusher". Come superare i "lobbers". Cosa fare dopo il doppio errore. Impara dai migliori con questo grande libro di strategia di tennis che ti aiuterà a vincere più partite e pensare meglio sul e fuori dal campo. Vinci più partite utilizzando la strategia giusta per ogni situazione. Ogni giocatore è diverso a modo suo. Alcuni giocatori preferiscono rimanere sulla linea di base, mentre altri preferiscono correre in rete. Questo libro ti darà la risposta alle tue domande di strategia. Le 32 strategie ti insegneranno come battere molti tipi diversi di giocatori e ti aiuterà a superare gli ostacoli mentali attraverso specifiche strategie mentali che sono incluse in questo libro.

ALTRI TITOLI DI JOSEPH CORREA

Programma di allenamento per un grande servizio nel Tennis

Questo DVD vi insegnerà come servire 10-20 mph più velocemente in un programma di tre mesi, giorno per giorno. Il miglior programma di allenamento per servizi presente sul mercato. Il video include un programma di formazione grafico da 3 mesi e un manuale passo passo. Il DVD mostra come fare gli esercizi correttamente le modalità con le quali si dovrebbero eseguire per avere successo con il programma.

Joseph Correa è un giocatore di tennis professionista e allenatore che ha gareggiato e insegnato in tutto il mondo in tornei ATP e ITF per molti anni. Oltre ad essere un giocatore di tennis professionista, ha una certificazione USPTR di coaching professionale ed una certificazione ITF di coaching per bambini.

Le 33 leggi del Tennis

Le 33 leggi del Tennis è un libro pieno di concetti del tennis preziosi per aiutarti a diventare un giocatore di tennis migliore e più preparato. Questo libro è stato scritto da un giocatore di tennis professionista e allenatore degli Stati Uniti. E 'un libro molto utile che sarà indispensabile e quando meno te lo aspetti ti ricorderà tante piccole ma importanti cose prima di gareggiare.

Il lavoro dei piedi ed Il Cardio nel Tennis di Joseph Correa

Joseph Correa è un giocatore di tennis professionista e allenatore che ha gareggiato e insegnato in tutto il mondo in tornei ATP e ITF per molti anni. Oltre ad essere un giocatore di tennis professionista, ha una certificazione USPTR di coaching professionale ed una certificazione ITF di coaching per bambini.

Per essere più in forma e migliorare la tua mobilità dentro e fuori dal campo da tennis. Un buon lavoro del piede ti migliorerà drasticamente sia rafforzando il tuo cuore sia la parte superiore del corpo. Vedere questo video vale sicuramente la pena per un giocatore di tennis serio, non importa quale sia il tuo livello. Diventerai più veloce, più forte e più agile, e in campo noterai un aumento di accelerazione nel servizio e nelle palle ribattute. Creato da un giocatore di tennis professionista per gli altri per progredire nel loro gioco e vincere più partite.

Lo Yoga nel Tennis di Joseph Correa

Yoga Tennis di Joseph Correa è un ottimo modo per aumentare la tua flessibilità e agilità nel campo. Raggiungi più palle e con un minor numero di infortuni. E 'un ottimo modo per vincere di più, lavorando su una parte diversa del tuo gioco. Il DVD dura circa 30 minuti. Utilizzato da tennisti dilettanti e professionisti per migliorare il loro gioco e durare più a lungo nelle partite. Questo è il modo migliore per un giocatore di tennis a diventare più flessibile e sbarazzarsi di comuni mal di schiena, ginocchio, spalla, tendine del ginocchio, polpaccio, e lesioni al quadricipite. Sarai entusiasta di iniziare! Questa è una versione migliorata del nostro MBS Yoga Tennis 2012.

Addominali nel Tennis di Joseph Correa

Fare esercizi addominali nel Tennis è un grande metodo per migliorare il tuo stato fisico per avere servizi più potenti, diritti e rovesci così come potenti volée. Gli addominali sono la chiave per un gioco migliore. Questo DVD lavora su molti tipi di esercizi di piegamenti, su e giù, e addominali laterali e posteriori che potrai trovare in altri video di addominali. Prendi confidenza quando ti cambi la maglietta durante la partita e colpisci la palla più duramente!

www.ingramcontent.com/pod-product-compliance
Lightning Source LLC
Chambersburg PA
CBHW052126070526
44586CB00016B/2103